EXPOSITION D'ART ANCIEN ESPAGNOL

EXPOSITION
D'ART ANCIEN ESPAGNOL

ORGANISÉE PAR LA

"DEMEURE HISTORIQUE"

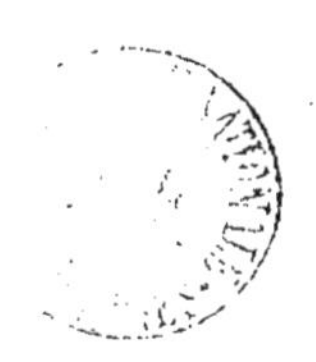

DU 6 JUIN AU 6 JUILLET 1925

EN L'HOTEL JEAN CHARPENTIER

76, FAUBOURG SAINT-HONORÉ, 76

PARIS

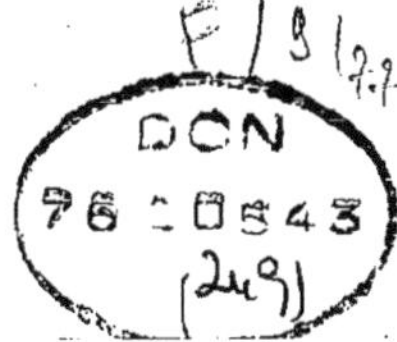

COMITÉS DE PATRONAGE

COMITÉ D'HONNEUR

Le Ministre de l'Instruction Publique et des Beaux-Arts,
L'Ambassadeur d'Espagne à Paris,
L'Ambassadeur de France à Madrid,
Le Duc d'Albe,
Le Directeur des Beaux-Arts.

COMITÉ D'ORGANISATION

Président

Le Duc de Noailles.

Vice-Présidents

Le Marquis de Castellane,
Le Marquis de Juigné,
Le Comte de Fels.

Délégué général

Le Docteur J. Carvallo.

Membres

MM. Le Comte de Beaumont,
Paul Boncour, Ancien Ministre, Député,
Lucien Corpechot, Homme de lettres,
Guiffrey, Conservateur du Musée du Louvre,
Kœchlin, Président de la Commission des Beaux-Arts,
Me Leouzon Le Duc, Avocat,
Metman, Directeur des Arts Décoratifs.
Albert Besnard, de l'Académie Française, Directeur de l'École des Beaux-Arts,
José-Maria Sert, Artiste-peintre,
Gonzalo Bilbao, Directeur du Musée de Séville,
Zuloaga, Artiste peintre,
Pierre Paris, Directeur de l'Institut de France à Madrid
Paul Vitry, Conservateur du Musée du Louvre.

COMITÉ DES DAMES PATRONESSES

Présidente d'honneur

Son Altesse Royale la Duchesse de Vendome.

Présidente

La Duchesse de Noailles.

Vice-Présidentes

La Marquise de Castellane,
La Marquise de Ganay,
La Marquise de Chaponay.

Secrétaire

La Marquise de Chasseloup-Laubat.

Pour tous renseignements s'adresser à M. le Docteur Carvallo, 33, faubourg Saint-Honoré, PARIS

PRÉFACE

C'est au Comité de « La Demeure Historique » que revient l'honneur et le mérite d'avoir organisé cette mportante exposition d'art ancien espagnol.

J'aurais souhaité qu'une personnalité plus compétente que la mienne fût désignée pour présenter comme il convient l'ensemble de ces œuvres aux amateurs. Mais puisqu'on m'a fait l'honneur de penser que je pourrais suffire à cette tâche, j'essayerai de ne pas m'en montrer trop indigne.

Et d'abord, je tiens à dire les raisons pour lesquelles « La Demeure Historique », Association fondée pour étudier et défendre les richesses artistiques de la France, a eu l'idée d'organiser cette manifestation d'art.

Le capital artistique de la France n'est pas suffisamment connu, les trésors de l'art national ne sont pas encore inventoriés et classés. La France, nation noble et hospitalière, a su ouvrir largement ses portes à toutes les civilisations, et malgré les fuites et les désordres du XIXe siècle, elle conserve encore dans ses collections, des spécimens admirables de tous les arts étrangers.

Les relations spirituelles entre la France et l'Espagne ont été très suivies de tous temps. Depuis Charlemagne jusqu'à Louis XIV, les deux nations se sont influencées réciproquement dans tous les ordres d'idées et principalement en matière artistique. Rappelons-nous que Vélasquez, pour ne parler que d'une époque relativement récente, fut l'organisateur des fêtes du mariage de Louis XIV, et que le moindre gentilhomme français de ce temps parlait encore l'espagnol.

De leur vivant, Ribéra et Murillo furent aussi célèbres en France qu'en Espagne et Goya, lui-même, travailla les dernières années de sa vie à Bordeaux et exécuta là ses meilleurs chefs-d'œuvre.

La source principale des richesses de la France, en art espagnol, dérive des guerres de l'Empire. Parmi les collections les plus célèbres de cette époque nous citerons la collection Soult. Les magnifiques tableaux de Zurbaran et d'Herrera le Vieux et l'Assomption de Murillo, qui sont au Louvre, proviennent de cette collection; les autres tableaux ont été malheureusement dispersés et une grande partie est aujourd'hui à l'étranger.

Une autre collection de premier ordre fut celle du roi Louis-Philippe. Les malheurs de la Révolution de 1848 obligèrent la famille royale à vendre une partie de cette collection.

Un gentilhomme espagnol, le Marquis de Marismas, venu s'établir en France au commencement du XIXe siècle, avait apporté une grande et belle collection d'art espagnol qui fut aussi vendue aux enchères. Le Marquis de Salamanca, vers le milieu du XIXe siècle, fit subir le même sort à sa collection.

Depuis, il y a eu à Paris quelques ventes célèbres qui contenaient de beaux spécimens d'art espagnol, telles les ventes du Duc de Morny, du Prince Troubetskoy, du Duc d'Albe, de MM. Péreire, Schneider, Schickler, Landolfo Carcano, Bernonville, Haro, Rouart, Dreyfus Goncales, Edwards, Sedelmeyer, Flameng, etc

Enfin, dans les dernières années du XIXe siècle, des amateurs éclairés se sont mis à acheter des œuvres de Goya et de Gréco et, aujourd'hui, ces peintres sont à la mode et leurs œuvres sont devenues rares et inabordables.

Il y eut cependant une période, pendant laquelle, l'Espagne, la nation sœur, attachée par tant de liens à a France, fut reléguée dans l'oubli. C'est toute la période qui va du XVIIIe siècle à la fin de la Restauration.

Le voyage de Théophile Gautier et d'Alexandre Dumas en Espagne, attira l'attention du public français et du monde entier sur l'importance de l'art ancien espagnol. Depuis lors, la curiosité et l'intérêt pour les choses de ce pays n'ont pas cessé de grandir et on peut dire que tout l'art moderne a subi plus ou moins l'influence de l'école espagnole.

Quelles ont été les raisons de ce retour?

La réponse est assez difficile et complexe, mais nous croyons que l'art espagnol, basé sur l'étude sincère et désintéressée de la nature, animé de l'esprit transcendant du catholicisme et aidé par une technique sobre et puissante, devait, tôt ou tard, frapper l'intelligence des artistes modernes et les ramener au respect de ces vérités.

Il suffit de voir les œuvres qui composent ce catalogue pour se rendre compte, à travers la diversité des auteurs, que l'esprit espagnol est toujours le même, réel et positif, aussi près de la nature et de la vie que l'art peut l'être et, malgré cela, toujours noble et trascendant.

Qu'il s'agisse d'un tableau primitif, d'une pieta de Moralès, d'un portrait de Greco, d'une composition religieuse d'Herrera ou de Roellas, d'un monstre de Ribéra, d'un gentilhomme de Vélasquez, d'un saint en extase de Zurbaran, d'une statue mystique de Martinez

Montanes ou de Alonso El Cano, d'une sainte famille de Murillo, d'une vanité de Valdès Léal, ou d'une fantaisie de Goya, toutes ces œuvres reflètent le caractère du peuple espagnol et procèdent du même esprit. Elles peuvent être définies en deux mots : *Réalisme spirituel.*

La pensée moderne se perd en conjectures pour savoir comment le peuple le plus mystique et le plus exalté de la terre a pu produire tant de chefs-d'œuvre d'une vérité aussi frappante. Cela tient à ce que le catholicisme a pétri l'âme et l'esprit du peuple espagnol et que cette religion, avant de nous parler des choses du ciel, nous enseigne l'amour et le respect de la Nature.

Je dois rendre hommage aux historiens et aux critiques d'art qui, au cours du XIXe siècle, ont contribué à faire connaître et aimer l'Espagne. Parmi les historiens et les critiques d'art de cette époque, nous citerons Théophile Gautier, Paul Lefort, Viardot, M. et Mme Dieulafoy, Mme Louis Stern, Saladin, Paul Laffont, Gustave Geoffroy, Barrès, Louis Bertaux, Lecomte et le Dr Faure. Parmi les artistes qui ont étudié l'école espagnole, ou qui se sont inspirés d'elle, nous citerons Géricault, Delacroix, Courbet, Regnault, Manet, Ribot, Daumier, Cezanne, Bonnat et beaucoup d'autres.

L'art espagnol a mis très longtemps à s'affranchir des influences étrangères et à acquérir sa propre personnalité. Après une longue et brillante période de l'époque romaine, l'Espagne est tombée sous la domination des peuples du Nord goths et visigoths, et c'est au prix de grands efforts qu'elle se relève et qu'elle renaît à la vie de la civilisation. L'école de saint Isidore à Séville marque le point culminant de cette période.

Peu de temps après, les Arabes envahissent la péninsule. Vouloir raconter en quelques mots ce qui s'est passé sur cette terre d'Espagne, pendant les huit siècles qu'a duré la reconquête, c'est vouloir l'impossible. Nulle part ailleurs l'art, dans toutes ses manifestations, n'a eu de formes aussi variées et aussi surprenantes. Au Nord, les rois chrétiens de Castille, de Léon, de Navarre et d'Aragon bâtissent les cathédrales et les églises romaines et gothiques en se servant des artistes nationaux et étrangers.

Le mouvement de croisades et les pèlerinages à Saint Jacques de Compostelle marquent fortement leur empreinte sur les monuments religieux du nord de l'Espagne. L'influence des congrégations françaises de Cîteaux et de Cluny y est prépondérante ; mais beaucoup d'autres artistes, venant des Flandres et d'Allemagne, travaillent aussi dans cette partie de la péninsule. A l'Est, l'Aragon, la Catalogne et Valence, nations méditerranéennes, voisines de l'Italie et de la Provence, fondent une civilisation admirable qui ne cesse de grandir depuis le xe jusqu'au xve siècle. L'art romain et gothique de ces régions est un des plus beaux du monde, et les peintres et les sculpteurs, qui y ont pris part, peuvent rivaliser avec les meilleurs artistes étrangers.

Les régions du sud de l'Espagne, restées plus longtemps sous la domination arabe, ont été couvertes de monuments splendides : la mosquée de Cordoue, l'Alcazar de Séville et l'Alhambra de Grenade sont les seuls qui nous restent de cette civilisation.

L'histoire de la peinture et de la sculpture espagnoles du Moyen Age, commence seulement à être connue. Les œuvres de cette période pullulent dans les églises d'Espagne ; elles ont été exécutées par des artistes nationaux et étrangers, mais elles portent toutes le caractère du milieu espagnol et sont facilement reconnaissables pour un œil averti.

Deux grands courants artistiques agissent sur la péninsule et donnent naissance à l'art du Moyen Age espagnol : un courant venant du Nord, avec les maîtres français, flamands et allemands et un courant venant d'Italie, représenté par les écoles de Sienne et de Florence.

Le temps et l'espace nous manquent pour parler ici des innombrables artistes, peintres et sculpteurs, qui illustrèrent le Moyen Age espagnol. Mais, qui de nous pourrait oublier, après avoir vu leurs œuvres, les noms glorieux de Ferrer Bassa, Joan Daurer, Lorenzo Saragoza, Pere Serra, Maitre Nicolas, Jean de Séville, Pere Nicolau, Jacob Mateo, Jaume Cabrera, Nicolas Verdera, Luis Borrassa, Jacomart Baçô, Luis Dalmau, Fernando Gallego, Jaume Huguet, Pau Vergos, Bartolomé Bermejo et Rincon, parmi les peintres ?

Les sculpteurs de cette période sont encore plus nombreux et peut-être plus importants ; nous nous bornerons à citer les noms de Aparicio, Rodolfo, Mateo, Rodrigo Martinez, Gonzales Giron, Anrique, Ferran Gonzales, Berenguer, Cascallos, Fidela, Rodriguez, Ruiz, Martinez Lopez, Nieto, Clapero, de la Mota, Rey, Gumiel, Zamora, les frères Guas, les frères Aleman, Gil de Siloe, de la Cruz, Bonafé, Gomar, Téodoric, Martin Sanchez et Macias Carpintero.

Plus près de nous, au XVIe siècle, Juan de Juanes à Valence, Luis de Moralès el Divino en Extremadure, Vargas à Séville et Alonso Sanchez Coello à Madrid sont les quatre grands maîtres qui représentent la renaissance de la peinture espagnole. Le Greco à Tolède, quoique d'origine crétoise et d'éducation vénitienne, ne tarde pas à se pénétrer de l'esprit castillan et fonde une école puissante dans la ville impériale.

Pour la sculpture, Pedro Millan à Séville, et un pen plus tard, Torrigiano, l'irascible compagnon de Michel-

Ange, ont été les pères et les fondateurs de l'école andalouse. Dans la région de Burgos, Philippe de Bourgogne figure en tête des maîtres les plus éminents. Autour de Valladolid, l'ancienne capitale d'Espagne, Berruguete, élève de Michel-Ange, se place au premier rang de cette école et groupe autour de lui une élite composée d'Ordonez, Becerra, Juan de Juni et Gregorio Hernandez. Dans le royaume d'Aragon et de Valence, Damien Forment peut être considéré comme le maître et le chef de tous les sculpteurs.

C'est surtout au XVIIe siècle, que l'art espagnol atteint son maximum de perfection et de puissance, et, non sans raison, on appelle ce siècle « le siècle d'or de la peinture et de la sculpture espagnoles ». Quatre grandes écoles s'imposent à notre admiration : l'école de Séville, avec Herrera le Vieux, Roellas et Pacheco qui furent les maîtres de Velasquez, de Zurbaran et d'Alonso el Cano, suivis de près par Valdes y Llanos, Murillo et Valdès Leal ; l'école de Valence, avec les frères Ribalta, Ribéra, Espinosa et March ; l'école de Grenade ayant Moya et Alonso el Cano en tête, avec leurs élèves Bocanegra, Mora, Nino de Guevara et Jean de Séville ; l'école de Madrid, comprenant Pantoja de la Cruz, Bartolemeo Gonzalès, Carducho, Leonardo Pereda, Velasquez, el Mazo, Careno, Cabazalero, Cerrezo et Claudio Goello, pour ne pas en citer d'autres.

Les sculpteurs du XVIIe siècle furent dignes de cette pléiade de peintres ; nous citerons parmi les plus illustres Martinez Montanez, Luiz Ortiz, Solis, Alonso el Cano, Mora, Mena, Roldan et les frères Gijon.

Au XVIIIe siècle la peinture espagnole tombe en pleine décadence. Charles III fait venir Tiepolo de l'Italie pour décorer les voûtes de la chapelle du palais royal, ne trouvant dans la péninsule aucun artiste digne de sa confiance. Cependant, les précurseurs et les maîtres de Goya,

Maella et Bayeu, ne manquaient pas de talent, mais, si on les compare aux maîtres du XVIIe siècle, ils paraissent bien insignifiants.

Goya surgit des profondeurs de la race et, avec son génie puissant et farouche, renouvelle et synthétise toutes es traditions de la peinture espagnole, et se place en ête de l'art moderne. Par ailleurs, un sculpteur de Murcie, Zarcillo, sorti du milieu populaire et sans autre nseignement que les modèles et les exemples qu'il trouait autour de lui, continue à exécuter les groupes statuaires destinés aux processions qui sont d'une expression et d'un pathétique admirables.

Il est inouï de penser, après tout ce que nous venons de dire, que cette exposition soit la première manifestation organisée en France en l'honneur de l'art espagnol Ce n'est pas sans peine et sans émotion que nous avons entrepris cette tâche, étant donné les circonstances difficiles que nous traversons. Il est vrai que dès le premier moment nous avons eu les plus grands appuis et les plus forts encouragements :

M. le Président de la République, Sa Majesté le Roi d'Espagne et Son Altesse Royale la Duchesse de Vendôme nous ont donné leur haut patronage ; les gouvernements français et belges, leur appui officiel ; les collectionneurs, leurs plus belles œuvres et la presse, l'aide puissante de la publicité.

Notre cœur est plein de reconnaissance pour tant de protections et de bonnes volontés et « La Demeure Historique », fière de ce résultat, poursuivra son œuvre avec plus d'enthousiasme et de ténacité que jamais.

Dr J. CARVALLO.

PEINTURES

CATALOGUE

ALONSO EL CANO
1601-1667

1. — Saint François d'Assise recevant les stigmates.

Haut. 0.88, larg. 0.65

Provient d'une collection de Séville.

Appartient à M. Agnes.

2. — La Mort d'Abel.

Haut. 2.09, larg. 1.60.

Provient de la collection Soult où il était attribué à Pacheco.

Appartient au Docteur Carvallo.

3. — Portrait de Vieillard.

Haut. 0.75, larg. 0.61.

Appartient à M. Jean Charpentier.

4. — Saint François de Paule en extase.

Haut. 0.90, larg. 0.72.

Appartient à M. Léo Gaboriaud.

5. — Nature morte, livres et fleurs.

Signé et *daté :* 1659.

Haut. 0.40, larg. 0.60.

Appartient à M. Abreu.

ALONSO EL CANO (École)

6. — Le Christ mort.

Haut. 0.88, larg. 0.58.

Provient de la collection Bernard 1875.

Appartient au Musée de Lyon.

ARELLANO (Juan de)
1614-1676.

7. — Vase de Fleurs, deux pendants.

Signés. Haut. 0.50, larg. 0.50.

Proviennent de la collection Salamanca.

Appartiennent au Docteur Carvallo.

CAREÑO DE MIRANDA (Juan)
1614-1685

8. — Portrait de Charles II, Roi d'Espagne.

Haut. 2.28, larg. 1.58.

Proviennent de la collection Louis-Philippe.

Appartient à Mme Demotte.

9. — Portrait du Marquis de Spinola fils, debout.

Haut. 2.15, larg. 1.19.

Provient dé la collection Louis-Philippe.

Appartient au Duc de Vendôme.

COELLO (Alonso Sanchez)
1515-1590

10. — Portrait de Don Cristobal Centelles y Carros. Haut. 2 m., larg. 1.20.

Appartient à M. Eduardo Lucas Moreno.

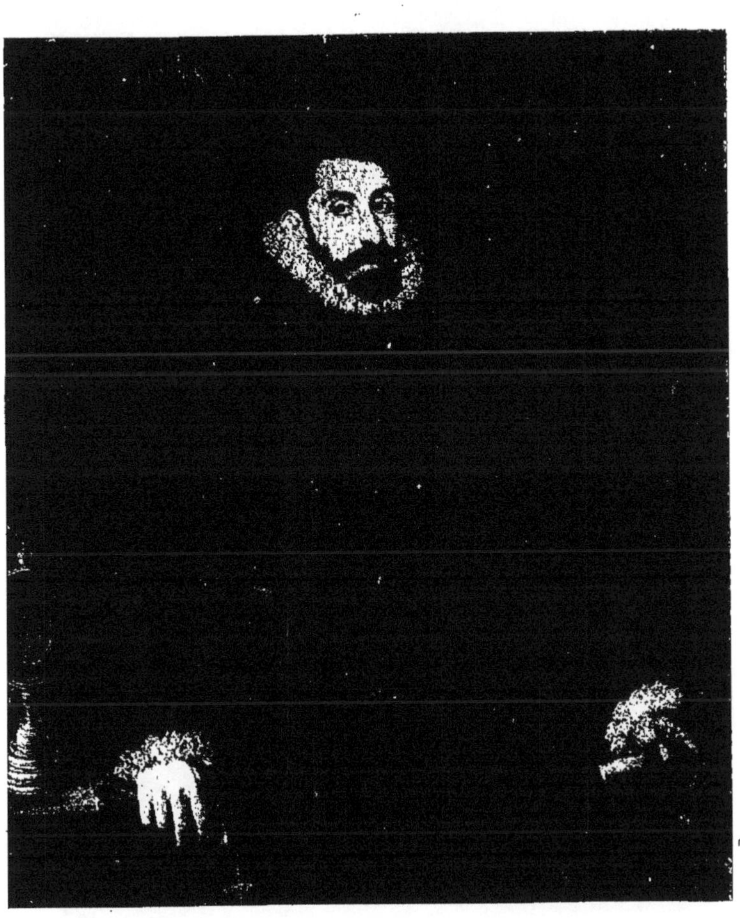

11. COELLO. — Portrait de Hernan Cortès.

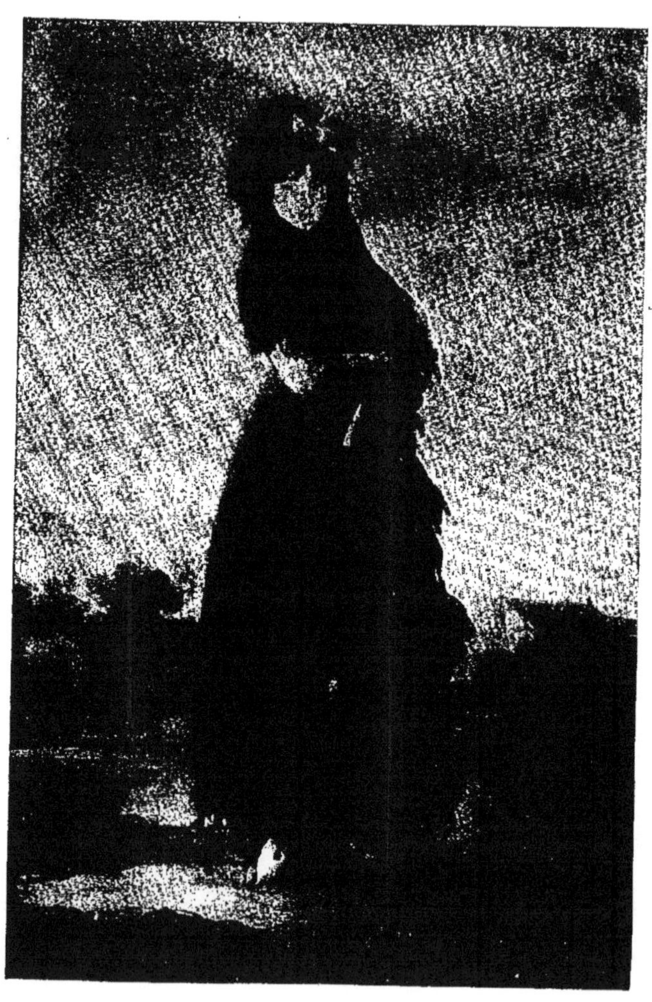

28. GOYA. — Portrait de la Marquise de Las Mercédès.

11. — Portrait de Hernan Cortès.

Provient de la collection Salamanca.

Haut. 1.02, larg. 0.65.

Appartient à M. Moliner.

COELLO (Claudio)

1621-1693

12. — L'Ancien et le Nouveau Testament.

Haut. 1.11, larg. 0.88.

Signé et *daté.* *Appartient à l'Abbé Thuelin.*

ÉCOLE DE MADRID

Commencement du XVIIe siècle.

13. — Portrait d'Isabelle de Bourbon, première femme de Philippe IV.

Haut. 1.20, larg. 0.97.

Provient de la collection Hamburger.

Appartient à M. Abreu.

14. — Tête d'homme.

Haut. 0.48, larg. 0.39.

Provient de la collection Louis-Philippe.

Appartient au Duc de Vendôme.

15. — Portrait d'homme à mi-corps.

Haut. 1.08, larg. 0.76.

Provient de la collection Fernandez.

Appartient à M. Lucas Moreno.

ÉCOLE DE MADRID

Milieu du XVIIe siècle.

16. — Le Christ aux outrages. Haut. 1.89, larg. 1.69.

Appartient à M. Ernest May.

ÉCOLE DE MADRID

Fin XVIIe siècle.

17. — Portrait de femme.

Haut. 1.25, larg. 1 m.

Appartient à M. Ténaud.

ÉCOLE DE MADRID

XVIIe siècle.

18. — Guerrier mort.

Haut. 0.75, larg. 1.98.

Fragment d'un grand tableau que nous croyons de Velasquez.

Appartient à M. R. Abreu.

ÉCOLE DE SÉVILLE

XVIIe siècle.

19. — Nature morte.

Œuvre importante.

Haut. 1.41, larg. 1.08.

Appartient à M. R. Abreu.

ÉCOLE DE SÉVILLE

Commencement du XVIIe siècle.

20. — Tobie rendant la vue à son Père.

Haut. 1.50, larg. 2 m.

Provient de la collection Standish où il était attribué à Esteban March. Nous le croyons d'un grand maître de l'École de Séville.

Appartient à M. Van den Berg.

ÉCOLE DE SÉVILLE

XVIIe siècle.

21. — Portrait d'homme.

Haut. 1.45, larg. 1.10.

Provient de la collection du Cardinal Feschi.

Appartient au Comte Xavier Branicki.

ÉCOLE DE TOLÈDE

22. — Le Christ au roseau.

Haut. 1.08, larg. 0.89.

Attribué à Tristan, élève de Greo.

Appartient à l'Abbé Thuelin.

GOYA Y LUCIENTES (FRANCISCO)

1746-1828

23. — Portrait de Jeune fille.

Haut. 0.49, larg. 0.39.

Provient de la collection Beurnonville.

Appartient à Mme Louis Stern.

24. — Le Christ mort au pied de la croix, vu de face.

Toile circulaire, diamètre 0.88.

Provient d'une collection de Lyon.

Appartient à M. Garulas.

25. — Enfant vendant des fruits.

Haut. 0.78, larg. 0,64.

Appartient à M. Garulas.

26. — Goya malade.

Haut. 1.15, larg. 0.80.

A été exposé à Madrid à l'Académie San Fernando en 1860.

Est mentionné dans les ouvrages de Beruette, de L. Mayer et du Comte de la Vinaza.

Appartient à MM. Jacques Seligmann et fils.

27. — Portrait de Gasparini.

Haut. 1.07, larg. 0.82.

Provient des collections de Don Manuel Soler, Durand-Ruel, Cnemes. A figuré à l'Exposition de Goya à Madrid en 1900.

Appartient à M. Georges Viau.

28. — Portrait de la Marquise de Las Mercédès.

Signé et *daté :* 1799.

Haut. 1.42, larg. 0.97.

Provient du cabinet de la Reine d'Espagne et a figuré dans les collections du Marquis de Remisa, de MM. Groult et Crosnier. Une esquisse de cette toile, de dimensions plus restreintes (0.52×0.34), se trouve au Musée du Louvre.

Appartient à M. David Weill.

29. — Portrait de la Maîtresse de Goya.

Signé en bas et à gauche.

Provient de la collection Bemberger.

Appartient à M. Paul Méric.

30. — Procession.

Haut. 1.02, larg. 1.24.

A figuré à « l'Exhibition of Spanish Paintings Ancient & Modern Londres. 1er nov. 1920.

Ce tableau est marqué au bas et à droite d'un X blanc, d'une fleur de lys noire et d'un I blanc.

Appartient à M. Van der Heyden.

31. — Portrait de Jeune fille.

Haut. 1.71, larg. 1.03.

Provient de la collection Gœnoy.

Appartient à M. Bemberg.

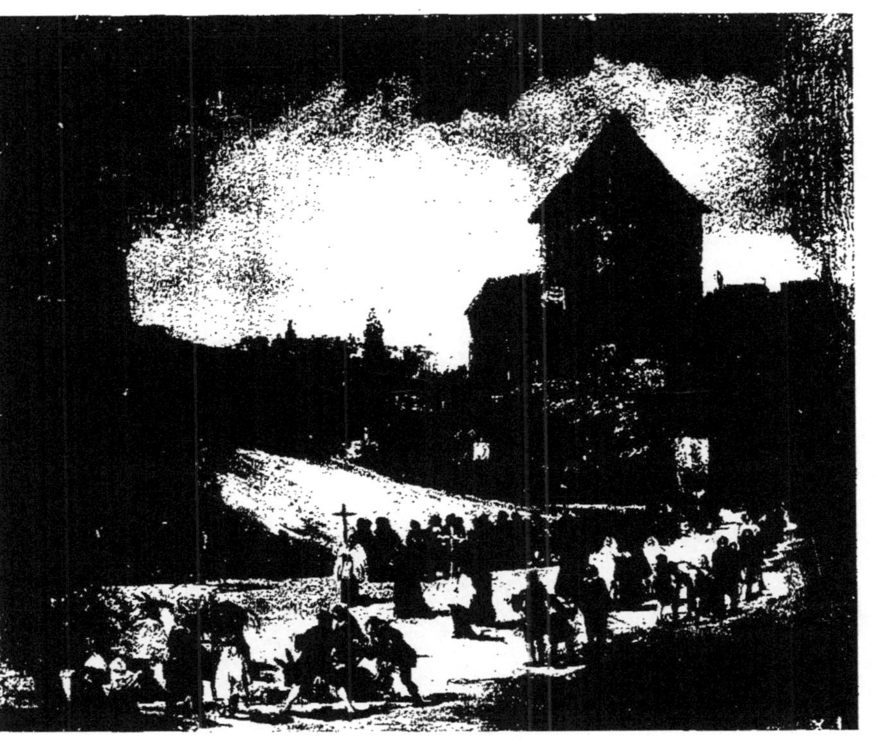

30. GOYA. — Procession.

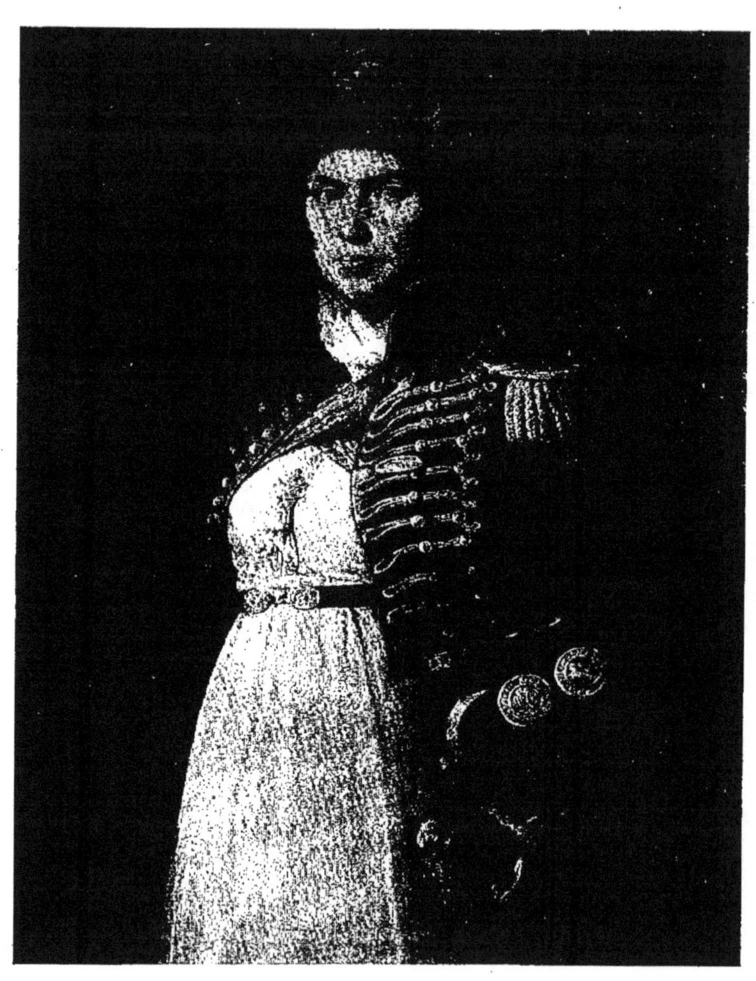

36. GOYA. — Portrait de Maria Augustina.

32\. — Portrait de Goya, par Goya.

Haut. 0.16, larg. 0.13.

Appartient à M. Pierre Decourcelle.

33\. — Exécution de l'ordre d'expulsion des Jésuites.

Provient de la collection Villars. Mentionné dans les ouvrages de Charles Iriarte, Paul Laffont, Von Loga et Comte de Vinaza.

Haut. 0.47, larg. 0.61.

Appartient à M. S. O'Rossen.

34\. — Promulgation de l'édit de l'expulsion de l'Ordre des Jésuites par Charles III.

Haut. 0.47, larg. 0.61.

Provient de la collection de Villars-Charles Iriarte. Est mentionné dans les ouvrages de Charles Iriarte, Paul Laffont, Von Loga et Comte de la Vinaza.

Appartient à M. S. O'Rossen.

35\. — Portrait de Don Gregorio Angel, Corredor général de « Caminos ».

Haut. 0.73, larg. 0.56.

Provient de la collection Cardera de Madrid.

Appartient à M. S. O'Rossen.

36\. — Portrait de Maria Augustina, héroïne de Saragosse, en uniforme militaire.

Haut. 0.82, larg. 0.63.

A figuré à l'Exposition historique et artistique de Madrid en 1908.

Appartient à M. S. O'Rossen.

37\. — Portrait d'une Religieuse.

Haut. 0.62, larg. 0.51.

Provient de la collection du Comte Ph. La Brousse.

Appartient à M. S. O'Rossen.

38. — Portrait d'homme.

Haut. 0.81, larg. 0.58.

Provient de la collection Bemberger.

Appartient à M. Perdoux.

39. — Portrait du Dr Moure.

Haut. 0.75, larg. 0.65.

Signé à gauche.

Provient de la collection Paradis.

Appartient à M. O'Rossen.

40. — Promulgation de l'ordre d'expulsion des Jésuites.

Haut. 0.47, larg. 0.61.

Publié dans les ouvrages d'Iriarte, Laffont et Von Loga.

Provient de la collection Vinaza.

Appartient à M. O'Rossen.

41. — Course de taureaux.

Haut. 0.73, larg. 1.08.

Provient des collections Piot, Ed. Kahn, Sigismond Bardac.

Cité par Laffont.

Appartient au Baron Maurice de Rothschild.

Photo Wildenstein.

THEOTOCOPULI (Dominicos), dit LE GRECO
vers 1547-1614

42. — La Déposition de la croix.

Œuvre remarquable, *signée et datée.*

Haut. 1.20, larg. 1.45.

Appartient à la Comtesse de La Béraudière.

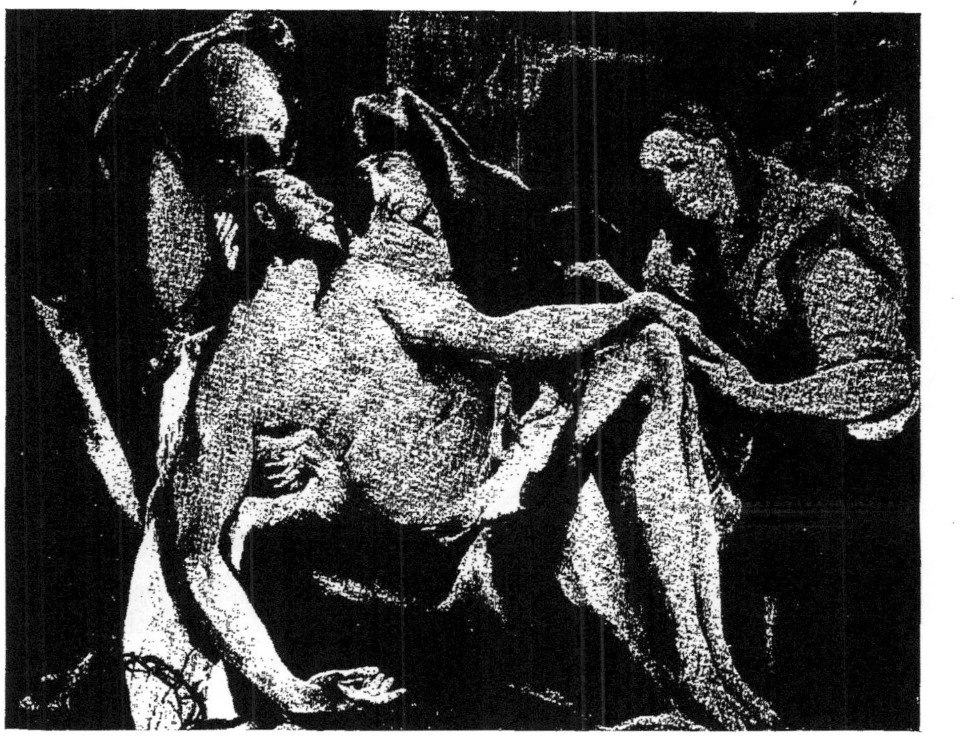

42. LE GRECO. — La Déposition de la croix.

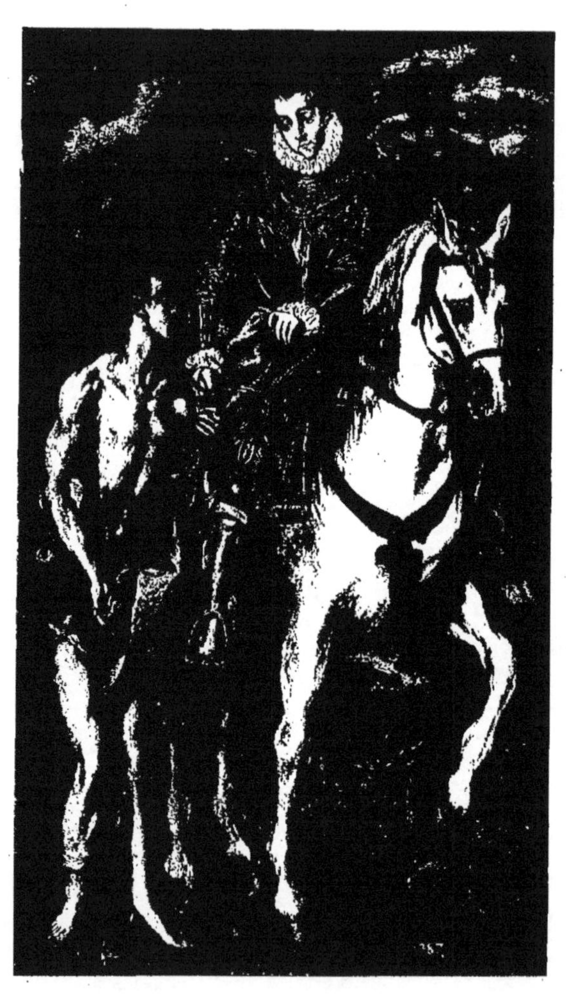

48. LE GRECO. — Saint Martin et le Mendiant.

43. — Le Christ portant la croix.

Haut, 0.52, larg. 0.38.

Provient d'une collection de Saragosse.

Appartient à M. Nebesky.

44. — Portrait d'une Dame de qualité.

Haut. 1.45, larg. 1.13.

Provient de la collection Gatti.

Appartient au Docteur Carvallo.

45. — Saint Pierre en larmes.

Haut. 0.93, larg. 0.75.

Provient des collections Pedro Bosch et Pineda de Madrid.

Appartient à M. S. O'Rossen.

47. — Portrait d'homme. Tête.

Haut. 0.38, larg. 0.28.

Appartient à M. Wildenstein.

48. — Saint Martin à cheval offre son manteau à un mendiant.

Haut. 1.02, larg. 0.58.

Appartient à M. Bernheim jeune.

49. — La Pentecôte.

Haut. 1.05, larg. 0.51.

Appartient à M. Zogheb.

50. — Le Christ emmené par des soldats.

Haut. 0.46, larg. 0.58.

Il existe plusieurs répliques de ce tableau.

Appartient au Musée de Lyon.

51. — Panneaux religieux.

Attribués à la jeunesse de Greco.

Haut. 0.23, larg. 0.16.

Proviennent de la famille royale de France.

Appartiennent à Mlle de la Béraudière.

HERRERA LE VIEUX (Francisco)

1576-1656

52. — Saint Basile dictant sa doctrine.

Haut. 2.50, larg. 1.95

52 *bis*. — Philosophe.

Haut. 0. , larg. 0.

Attribué à Herrera le Vieux.

Appartient à M. Delore.

53. — Saint Bonaventure guéri par Saint François.

Haut. 2.34, larg. 2.18.

Provient de la collection de Lord Clarendon.

Appartient au Docteur Carvallo.

54. — Saint Augustin.

Haut. 1.22, larg. 0.98.

Appartient à M. Ernest May.

55. — La Fuite en Égypte.

56. — Une Lutte d'anges.

Haut. 0.17, larg. 0.23.

Proviennent d'une collection de Séville.

Appartiennent à Mme X.

57. — Saint en extase.

Haut. 0.67, larg. 0.50.

Appartient à M. A. Abreu.

JUAN DE JUANÈS (Vicente, dit Macip)

1523-1579

58. — Sainte Famille.

Peinture sur bois, *signée et datée.*

Haut. 0.89, larg. 0.76.

Anciennes collections Kosloff et Nabokoff.

Appartient à M. Lucas Moreno.

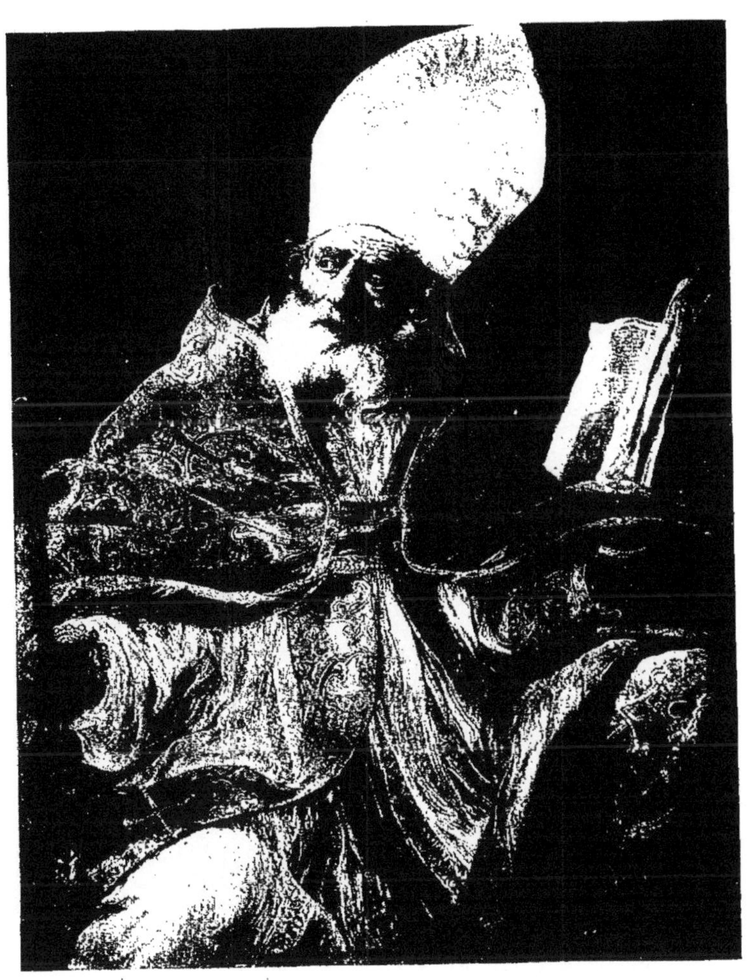

54. HERRERA LE VIEUX. — Saint Augustin.

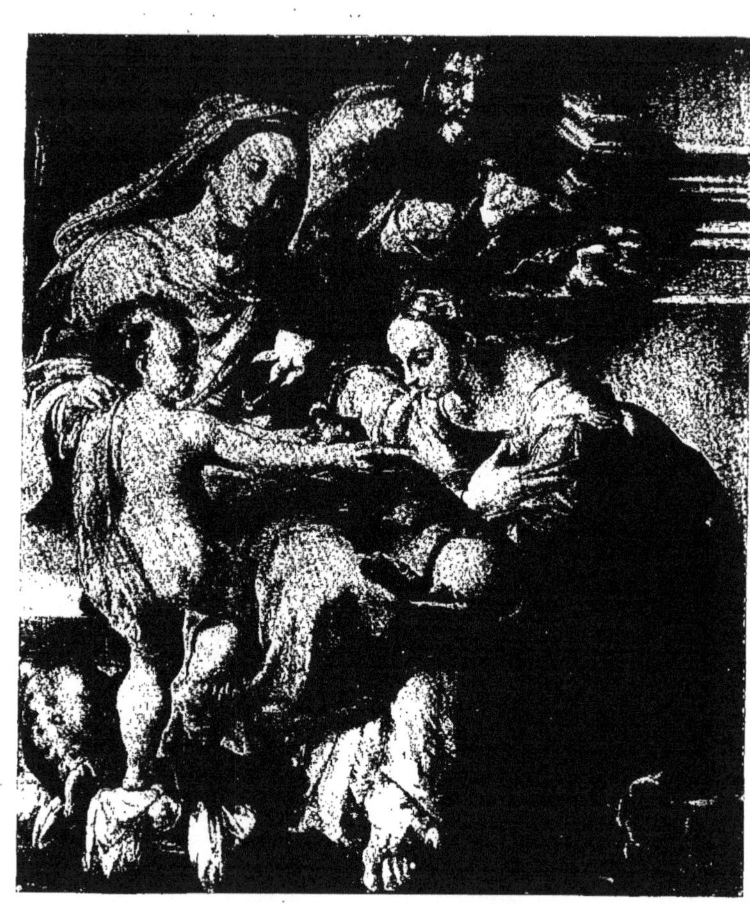

58. JUAN DE JUANES. — Sainte Famille.

ERRATUM

61. — Attribué à Velasquez.

MAELLA (Mariano Salvador)

1739-1819

59. — Portrait d'archevêque.

Haut. 0.99, larg. 0.80.

Provient de la collection Rafael Garcia Palencier.

Appartient à M. Stanislas O'Rossen.

MAZO Y MARTINEZ (Juan del)

1610-1687

60. — Portrait de trois jeunes seigneurs.

Haut. 0.85, larg. 0.62.

Appartient à la Baronne Henri de Rothschild.

61. — Portrait d'Isabelle de Bourbon, première femme de Philippe IV.

Haut. 2.10, larg. 1.15.

Appartient à la Marquise de Ganay.

62. — Portrait d'Isabelle de Velasco. Sculpteur.

Haut. 0.98, larg. 0.72.

Appartient à l'Abbé Thuelin.

63. — Portrait d'homme en pied.

Haut. 2 m., larg. 1.10.

Appartient à M. Wildenstein.

64. — Portrait d'Infante.

Haut. 0.87, larg. 0.68.

Appartient à M. Jacques Heugel.

MOYA (Pedro)

1610-1666

65. — Portrait d'un peintre.

Haut. 1.48, larg. 1.05.

Provient de la collection Duffour-Dubergier.

Appartient au Musée de Bordeaux.

MORALES (Luis, dit El Divino)

vers 1509-1586

66. — Pieta.

Peinture sr bois.

Haut. 0.46, larg. 0.33.

Appartient à M. Agnes.

67. — La Flagellation.

Haut. 0.15, larg. 0.12.

Appartient au Comte de Doria.

MURILLO (Bartolomé-Esteban)

1618-1682

68. — Ecce Homo.

Haut. 0.80, larg. 0.59.

Appartient à M. Agnes.

69. — Saint François d'Assise.

Haut. 1.25, larg. 1.06 1/2.

Donné par la Reine Isabelle II au Duc d'Alençon.

Appartient à M. le Duc de Vendôme.

70. — Christ.

Peinture sur bois.

Haut. 0.33 1/2, larg. 0.23 1/2.

Provient de la collection du Duc de Westminster.

Appartient au Duc de Luynes.

71. — Extase de Saint François de Paule.

Haut. 1.90, larg. 1.28.

A figuré à l'Exposition d'Art ancien à Genève, 1914.

Appartient au Docteur G. Nutrigiano.

72. — Portrait d'un gentilhomme.

Haut. 2.00, larg. 1.25.

A figuré dans la collection Donnat.

Appartient à M. René Gimpel.

73. — Buveur.

Haut. . , larg. .

Appartient à M. Meric.

74. — Immaculée Conception.

Haut. 1.76, larg. 1.08.

Appartient au Baron de Christiani.

75. — Le Retour d'Égypte.

Haut. 0.64, larg. 0.51.

Appartient à Mme Henri Heugel.

76. — Jeune homme à la flûte.

Attribué à Murillo.

Appartient au Musée de Chartres.

77. — Esquisse du Saint Thomas de Villeneuve distribuant des aumônes.

Haut. 0.21, larg. 0.13.

Provient de la collection Armand Frères.

Appartient à M. Paul Adry.

78. — Santa Rufina, patronne de Séville.

Haut. 1.07, larg. 0.82.

Appartient à M. J. Villalba.

PANTOJA DE LA CRUZ (JUAN) (ATTRIBUÉ A)

1551-1609

79. — Portrait d'Infante.

Haut. 0.51, larg. 0.44.

Appartient à M. Cervlas.

80. — Portrait présumé de Philippe IV jeune.

Haut. 0.69, larg. 0.50.

Appartient au Baron Théodore de Berckheim.

PEREDA (ANTONIO DE)

1599-1669

81. — L'Immaculée Conception.

Haut. 2.52, larg. 2.57.

Signé et daté.

Ancienne collection Haro.

Appartient au Docteur Carvallo.

RIBERA (JOSEPH)

1588-1656

82. — Saint André.

Haut. 1 12, larg. 0,87.

Appartient à M. Léo Gaboriaud.

83. — Saint Paul.

Haut. 1.26, larg. 0.95.

Signé et daté : 1632.

Provient de la collection du Vicomte Weinborn.

Appartient à M. Sedelmeyer.

84. — Le Sculpteur aveugle.

Haut. 1.32, larg. 1.02.

Provient de la collection Rouart.

Appartient au Docteur Carvallo.

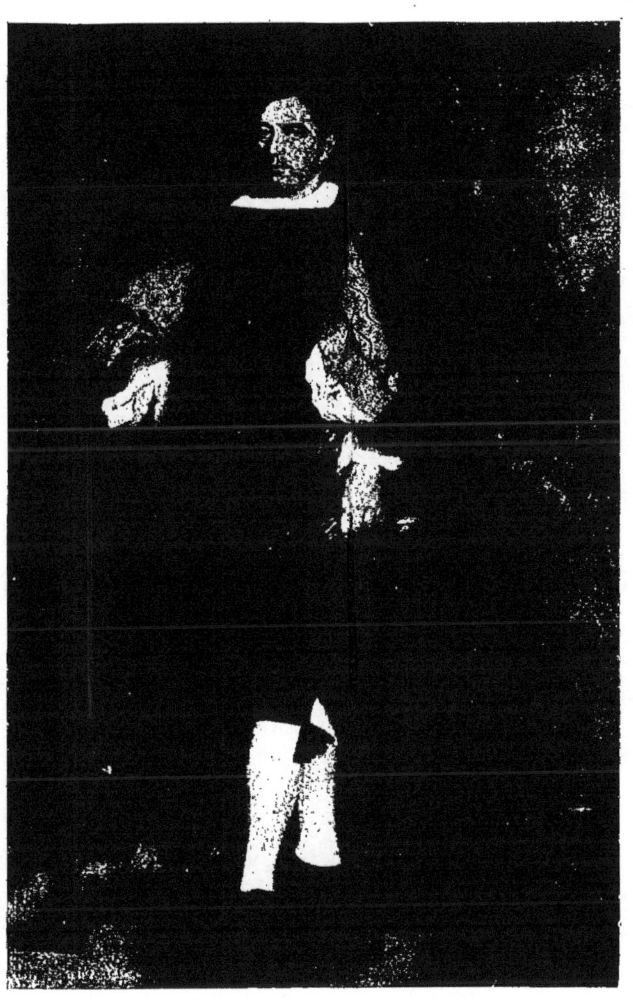

72. MURILLO. — Portrait d'un Gentilhomme.

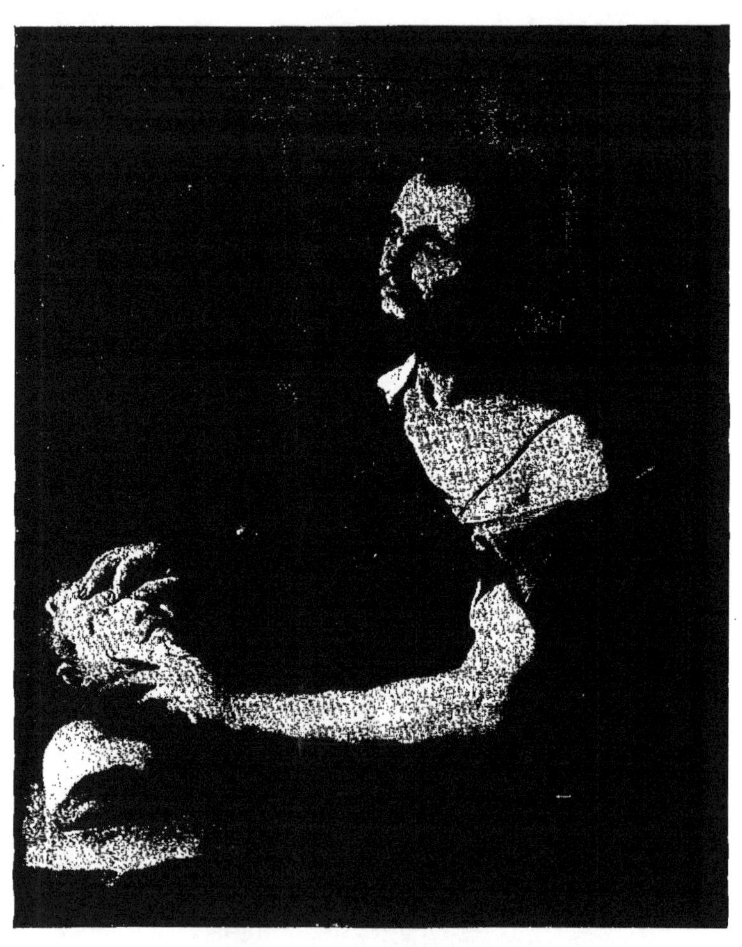

84. RIBERA. — Le Sculpteur aveugle.

85. — Saint Jérôme.

Réplique de celui de Saint Fernando.

Haut. 2.00, larg. 1.48.

Provient de la collection Antonin Mercié.

Appartient à Mme Vilbœuf.

86. — L'Astronome.

Haut. 0,98, larg. 1.22.

Provient de la collection Baron Schickler.

Appartient à M. G. Villalba.

87. — Portrait de Saint Augustin.

Haut. 1.15, larg. 0.98.

Signé et daté : 1626.

Appartient à Mme Demotte.

88. — La Leçon de grec.

Haut. 1.00, larg. 1,30.

Appartient à M. Burnier.

89. — Le Philosophe.

Haut. 1.04, larg. 1.32.

Provient de la collection de Lord Clarendon.

Appartient à M. Gaston Brunet.

90. — Portrait de Docteur.

Haut. 1.26, larg. 0.94.

Signé.

Provient de la collection Feschi, reproduit dans l'ouvrage de Lecomte.

Appartient au Docteur Carvallo.

91. — Les Joueurs de dés.

Haut. 0.78, larg. 1.02.

Appartient à M. Tenaud.

92. — La Mise au tombeau.

Haut. 1.25, larg. 1.81

Signé et daté.

Appartient au Musée du Louvre.

93. — Saint en extase.

Haut. 1.04, larg. 0.90.

Appartient au Musée de Lyon.

94. — Saint Jacques.

Haut. 1.29, larg. 1.02.

Appartient à M. Eduardo Lucas Moreno.

95. — Le Mendiant.

Haut. 1.04, larg. 1.32.

Provient de la collection de Lord Clarendon.

Appartient à M. Brunet.

96. — Saint Jérôme.

Haut. 1.20, larg. 0.90.

Signé et daté.

Appartient à la Marquise de Riencourt.

97. — Un Saint ermite lisant.

Haut. 0.76, larg. 0.64.

Appartient à M. l'Abbé Thuélin.

RIZI (Francisco)
1608-1685

98. — Le Renardier du Roi.

Haut. 1.67, larg. 1.09.

Provient des collections Chinchon, Altamira et Salamanca.

Appartient à M. Trotti.

TRISTAN (Luis)
1586-1640

99. — Portrait d'un Théologien.

Haut. 1.13, larg. 0.77.

Appartient au Docteur Sekejian.

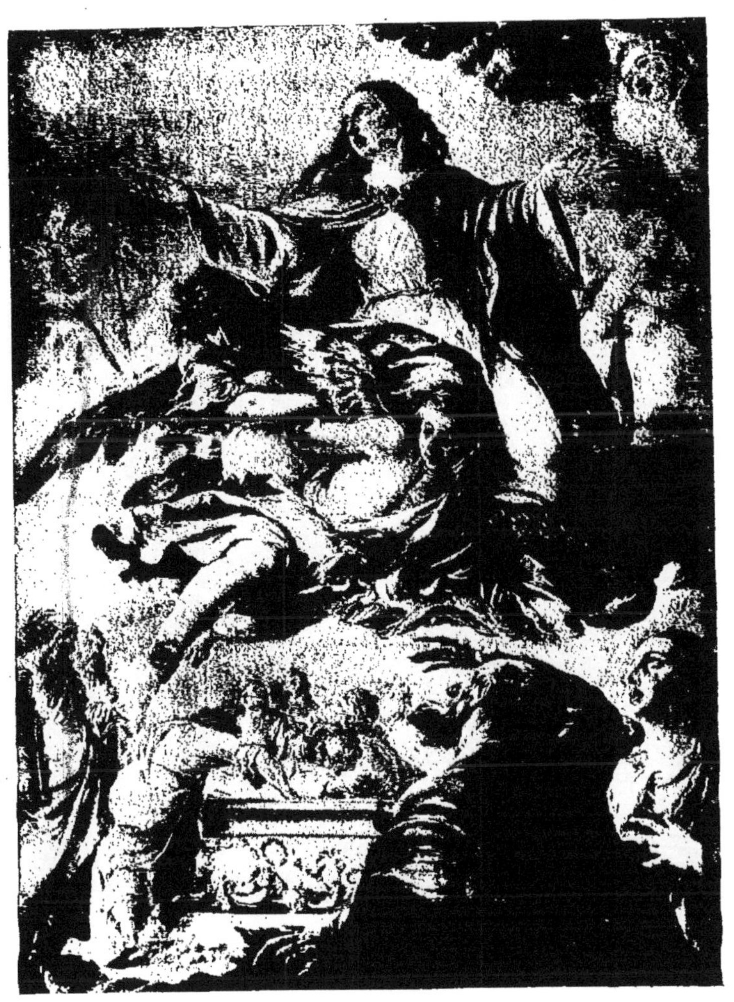

100. VALDES LEAL. — L'Assomption.

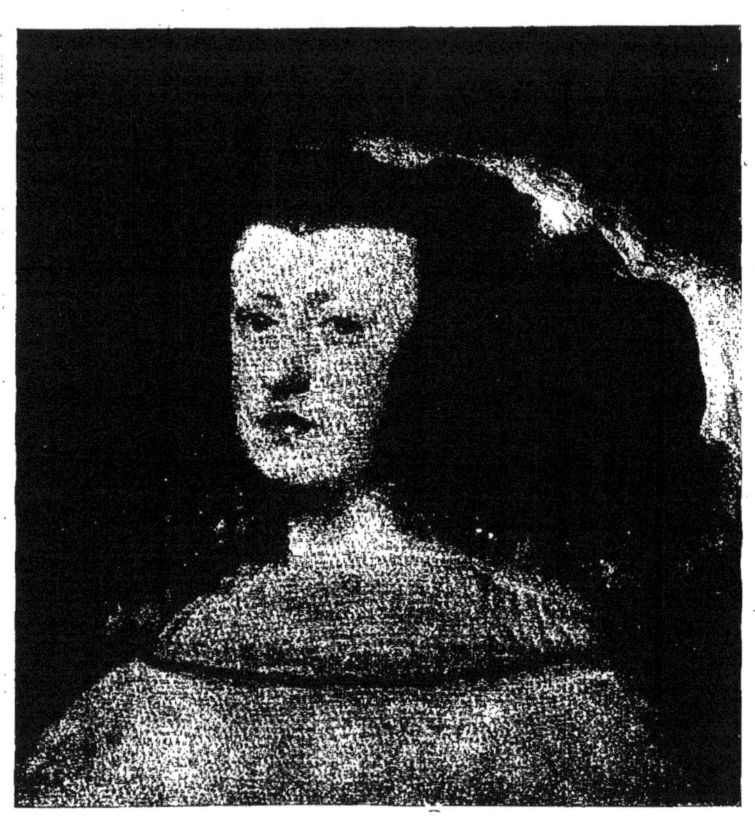

105. VELASQUEZ. — Portrait de Marie-Anne d'Autriche.

VALDES LEAL (Don Juan)
1630-1691

100. — L'Assomption.

Signé. Haut. 2.15, larg. 2.18.

Provient de la collection Landolfo Carcano.

Appartient au Docteur Carvallo.

101. — Saint Jacques de l'Épée.

Haut. 1.03, larg. 0.81.

Provient de la collection Aguado où il était attribué à Herrera le Vieux.

Appartient au Docteur Carvallo.

102. — Vanités.

Signé et daté.

Haut. 0.50, larg. 0.64.

Appartient à M. Agnes.

103. — L'Annonciation.

Haut. 1.60, larg. 2.01.

Signé et daté 1669.

Appartient à M. Carlos Vicente Ocampo.

104. — L'Exaltation de la Croix.

Haut. 0.60, larg. 1.05.

Provient de l'ancienne galerie du duc de Montpensier.

Appartient à M. Fernand-Paul Leclercq.

VELASQUEZ (Diego, Rodriguez da Silva)
1599-1660

105. — Portrait de Marie-Anne d'Autriche (tête).

Haut. 0.40, larg. 0.38.

Appartient au Baron Maurice de Rothschild

106. — Le Philosophe.

Haut. 0.96, larg. 0.75.

Appartient au Docteur Carvallo.

107. — Cuisine.

Haut. 1.04, larg. 1.42.

Provient de la collection Don Joaquim de Séville.

Appartient au Docteur Carvallo.

108. — Portrait du Marquis de Spinola exécuté vers 1628.

Haut. 2.00, larg. 1.25.

Provient de la collection Haro.

Appartient au Baron H. de la Bouillerie.

ZURBARAN (Francisco)
1598-1662

109. — Portrait de Dame de qualité.

Haut. 1.17, larg. 0.90.

Provient de la collection Brumer.

Appartient à M. Giraudon.

110. — Portrait d'une Dame au Chapelet.

Haut. 0.62, larg. 0.48.

Provient de la collection Osiris.

Appartient à M. Stanislas O'Rossen.

111. — Saint Antoine.

Haut. 1.62, larg. 1.20.

Provient de la collection Perdoux.

Appartient à M. Perdoux.

112. — Une Sainte.

Haut. 1.25, larg. 0.98.

Appartient à M. Léon Screpel.

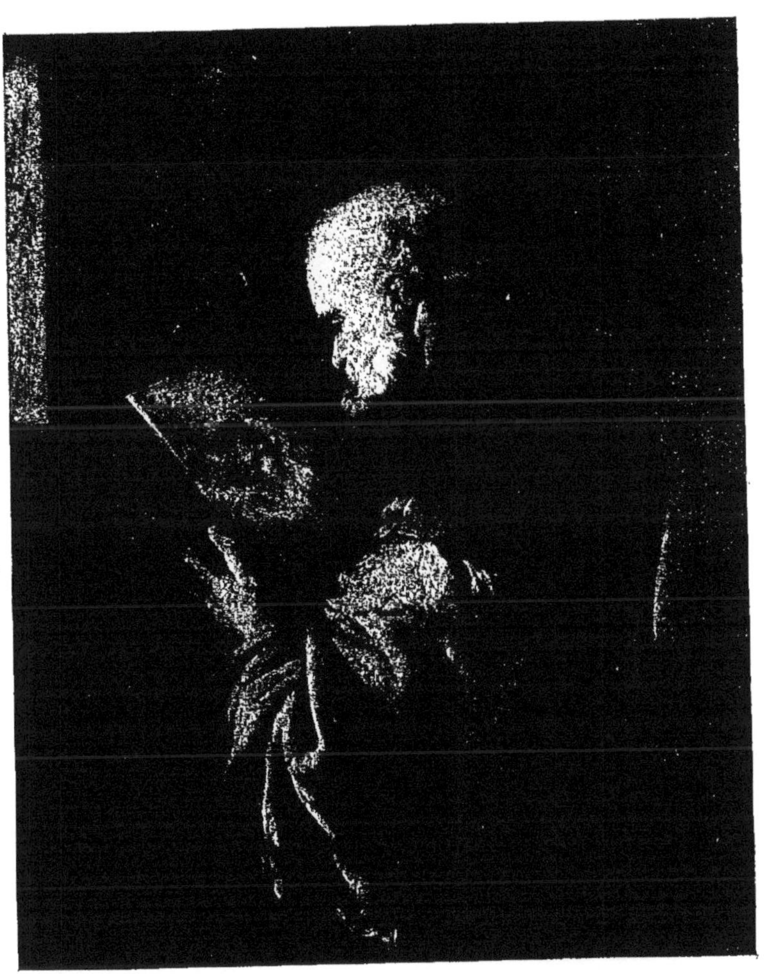

106. VELASQUEZ. — Le Philosophe.

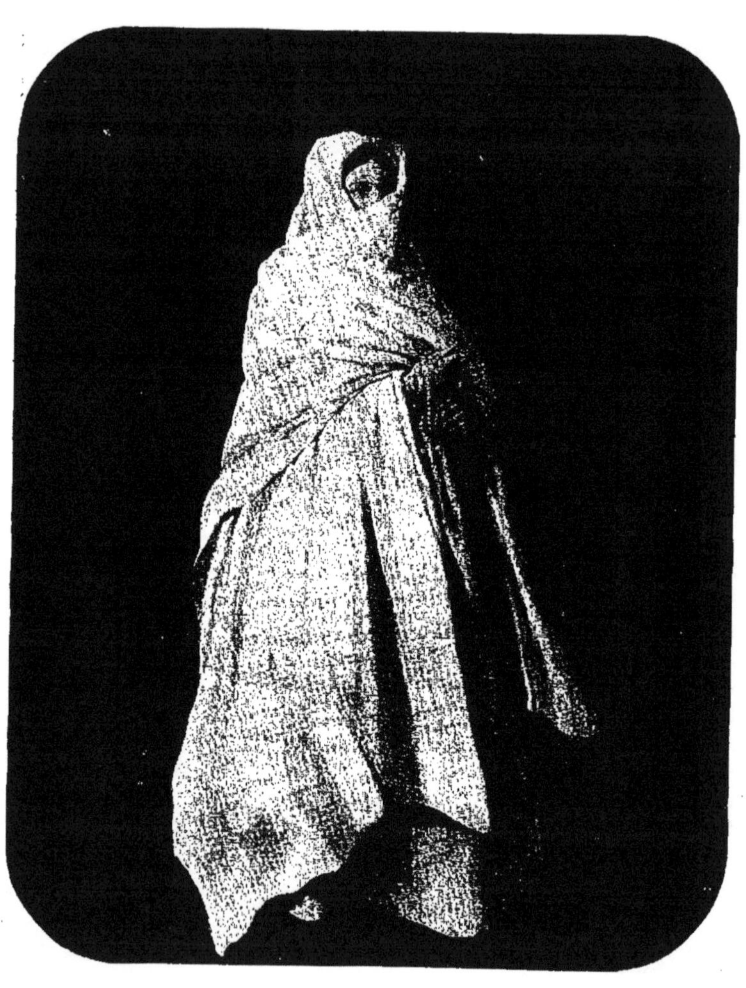

116. ZURBARAN. — Portrait d'une Dame au chapelet.

113. — Moine en prière.

Haut. 1.42, larg. 0.93.

Provient de la collection du maréchal Soult et Lefébure

Appartient à MM. Paul Adry et Tzanck.

114. — Saint François en extase.

Haut. 1.30, larg. 0.94.

Provient de la collection Grimaldi, Cadix.

Appartient à M. Charles Sedelmeyer.

115. — Saint François debout en extase.

Haut. 1.91, larg. 1.04.

Provient de la collection du Roi Louis-Philippe.

Appartient à Mme Demotte.

116. — Saint Pierre de Nolasque.

Haut. 1.10, larg. 0.88.

Appartient à M. Agnes.

117. — Cuisine.

Haut. 1.11, larg. 1.45.

Provient de la collection Blumerel.

Appartient au Docteur Carvallo.

ZURBABAN (Francisco) (attribué a)

1598-1662

118. — La Nativité de la Vierge.

Haut. 1.38, larg. 1.06.

Appartient au BaronThéodore de Berckheim.

ZURBARAN (Fancisco)

1598-1662

119. — Funérailles de Saint Bonaventure.

Haut. 2.50, larg. 2.25

Appartient au Musée du Louvre

120. — Une Sainte.

Haut. larg.

Appartient au Musée de Chartres.

121. — Moine franciscain.

Haut. , larg.

Appartient au Musée de la Chartres.

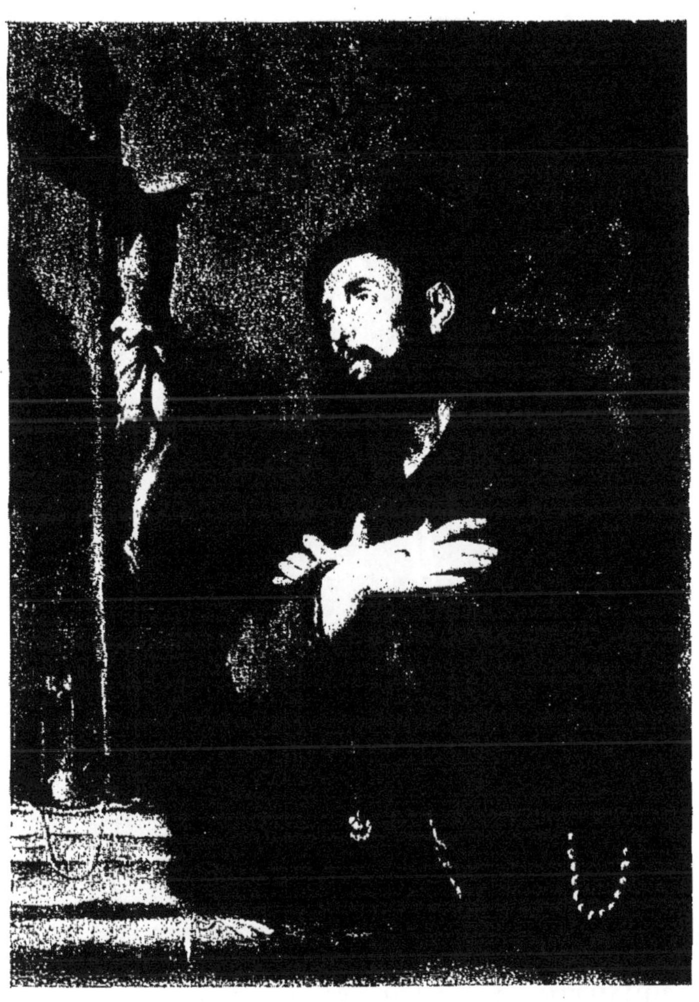

114. ZURBARAN. — Saint François en extase.

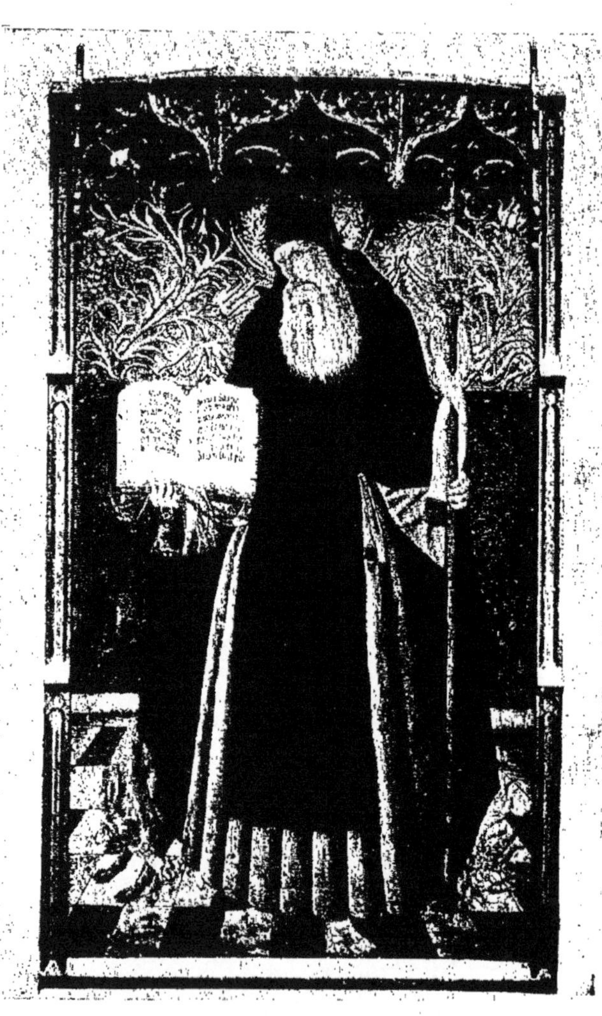

122. PRIMITIF ESPAGNOL. XVᵉ SIÈCLE. — Saint Antoine.

PRIMITIF ESPAGNOL

xve siècle. École catalane

122. — Saint Antoine.

Haut. 1.60, larg. 0.90.

Provient de la collection Haro.

Appartient à MM. Bacri frères.

PRIMITIF ESPAGNOL

xve siècle

123. — Le Couronnement de la Vierge, école Catalane, peinture sur bois.

Haut. 1.02, larg. 0.78.

Provient de la collection E. Lévy.

Appartient à M. Ed. Lucas Moreno.

124. — L'Ascension. Panneau central sur bois du rétable du maître-autel de Valence.

Haut. 2.05, larg. 0.82.

Appartient au Capitaine Robert Langton Douglas.

125. — Saint Jean l'Évangéliste et Saint Jean-Baptiste. Panneau sur bois, xve siècle.

Haut. , larg.

Cet important tableau nous paraît de l'École de Catalogne.

Appartient à M. Hamburger.

PRIMITIF ESPAGNOL (Ecole de Catalogne)

xive siècle

126. — Rétable.

Haut. 2 m. larg. 310

Appartient à MM. Bacri frères.

PRIMITIF ESPAGNOL

Milieu du xve siècle

127. — Rétable.

Haut. 2 m. larg. 2.35.

Appartient à MM. Jacques Seligmann et fils.

PRIMITIF ESPAGNOL (Ecole de Castille)

Fin du xve siècle

128. — Panneau sur bois.

Haut. 1.25, larg. 0.85.

Appartient à M. Ch. Wakefield Mori.

PRIMITIF ESPAGNOL (Ecole Catalane)

xve siècle

129. — La Flagellation. Peinture sur bois.

Haut. 0.95, larg. 0.75.

Appartient à Mme de Reutern.

130. — Tryptique.

Haut. 2 m., larg. 2.13.

Provient de la collection Ganet.

Appartient à M. Joseph Spiridon.

PRIMITIF ESPAGNOL

xve siècle

131. — Rétable.

Haut. 0.82, larg. 2.15.

Pendant d'un tableau du Musée du Prado Madrid.

Appartient à la Comtesse de la Béraudière.

PRIMITIF ESPAGNOL (ECOLE DE CASTILLE)

xve siècle

132. — Peinture sur bois.

Haut. 1.05, larg. 0.50.

Provient de l'ancienne église de la Trinité à Salamanque.

Appartient à M. Ed. Lucas Moreno.

ECOLE HISPANO-FLAMANDE

Fin xve siècle

133. — Pieta.

Haut. 0.27, larg. 0.21 1/2.

Appartient au Baron de Christiani.

PRIMITIF ESPAGNOL

Commencement du xvie siècle

134. — Rétable. Composé de plusieurs panneaux.

Appartient à M. Rodière.

SCULPTURES

MEUBLES — FAIENCES

CÉRAMIQUES

TAPISSERIES — ÉTOFFES

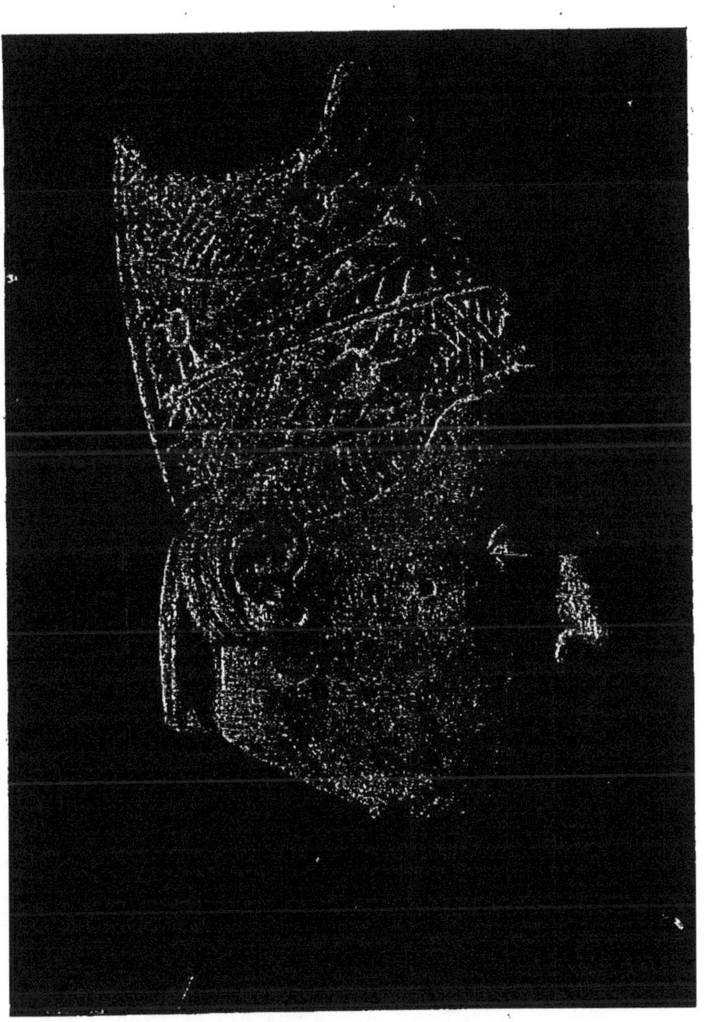

137. SCULPTURE. — Tête d'Evêque.

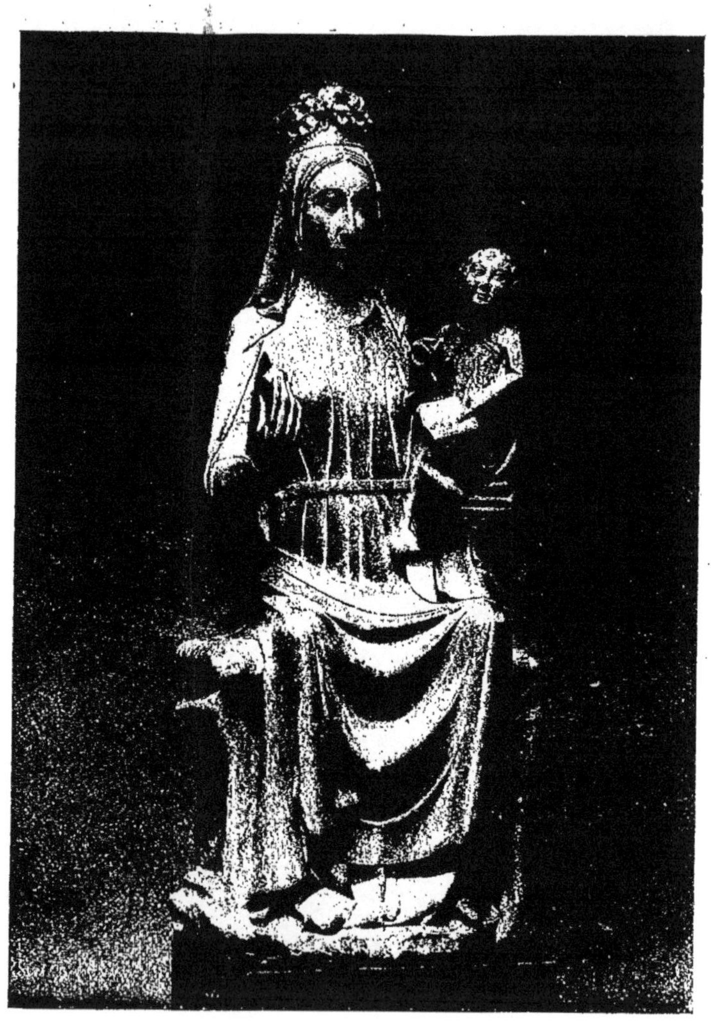

140. STATUE EN PIERRE. — Vierge assise.

135. — Vierge et l'Enfant Jésus. Statuette en bois polychromé XIIe siècle. Travail espagnol.

Appartient à MM. Bacri frères.

136. — Grand Christ sur la croix. Bois sculpté. Travail espagnol XIIe et XIIIe siècles.

Provient de la Province de Liguenza.

Appartient à M. Stora.

137. — Tête d'Évêque, plus grande que nature, en pierre lithographique dure, traces de polychromie et de dorure. Art catalan, region de Poblet, commencement du XIe siècle.

Haut. 0.42.

Appartient à M. Kalebdjian.

138. — Statuette espagnole du XIIIe siècle. En bois sculpté peint et doré, représentant la Vierge assise, tenant l'Enfant-Jésus.

Haut 0.67.

Appartient à M. Kalebdjian.

139. — Buste en pierre, représentant Saint Jean, polychromé et doré. Travail espagnol. XIVe siècle.

Haut. 0.37.

Appartient à M. Stora.

140. — Vierge assise, avec l'Enfant-Jésus. Statue en pierre de basalte. Travail espagnol. XIVe siècle.

Haut. 1.60.

Provient de la cathédrale de Salamanca.

A figuré à l'exposition rétrospective de Saragosse, en 1908.

Appartient à M. Schutz.

141. — Saint Jean-Baptiste. Statue en marbre blanc, représentant Saint Jean debout. Travail de Valladolid. XVIe siècle.

Haut. 0.93.

Appartient à M. Stora.

142. — Reliquaire. En bois sculpté polychromé. Travail espagnol. XVIe siècle.

Haut. 0.45, larg. 0.39.

Appartient à M. Wildenstein.

143. — Vierge. En bois sculpté polychromé et doré. Ecole de Galice. XVIe siècle.

Appartient à M. Agnes.

144. — Bas relief. En marbre tendre polychromé et doré, formant triptyque.

Haut. 0.73, larg. 1.06.

Provient d'un monastère de Barcelone. Travail espagnol du XVe siècle.

Appartient à M. Jacques Seligmann fils.

BERRUGUETE (ALONSO DE)

Vers 1496-1561

145. — Rétable. En bois sculpté, polychromé et doré.

Provenant de l'église de Pedroso del Rey (Valladolid). Fragments.

Appartient à M. Heras.

146. — Charriot en bois sculpté. Travail espagnol du XVIe siècle.

Long. 2.70, larg. 1.50, haut. 1.25.

Appartient à M. Schutz.

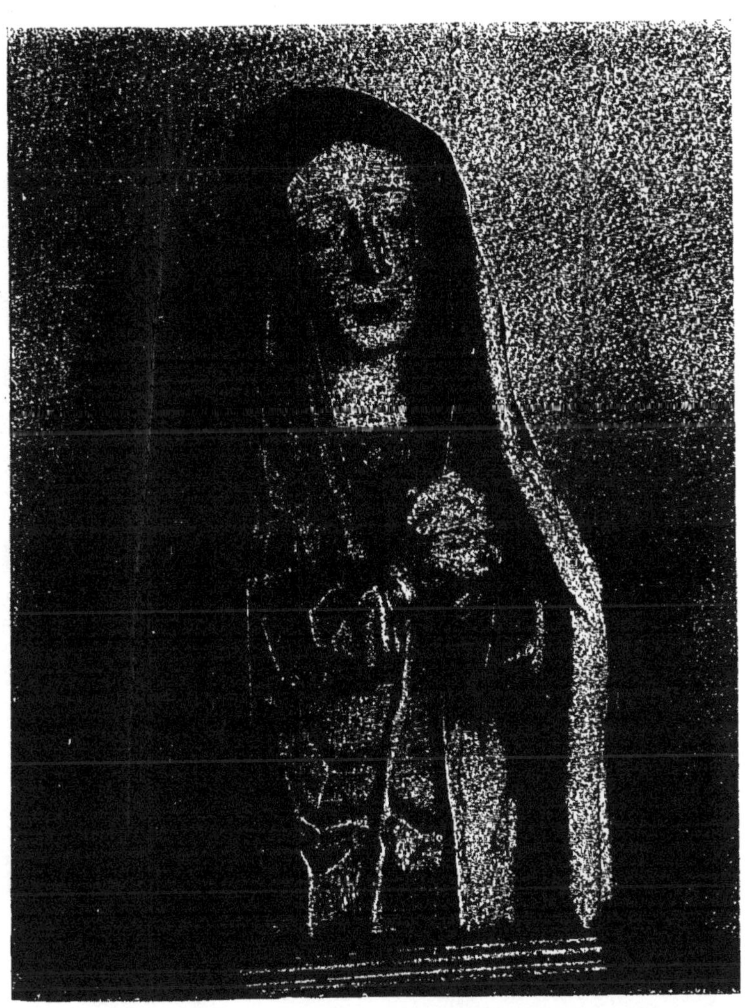

151. ALONSO EL CANO. — Mater Dolorosa.

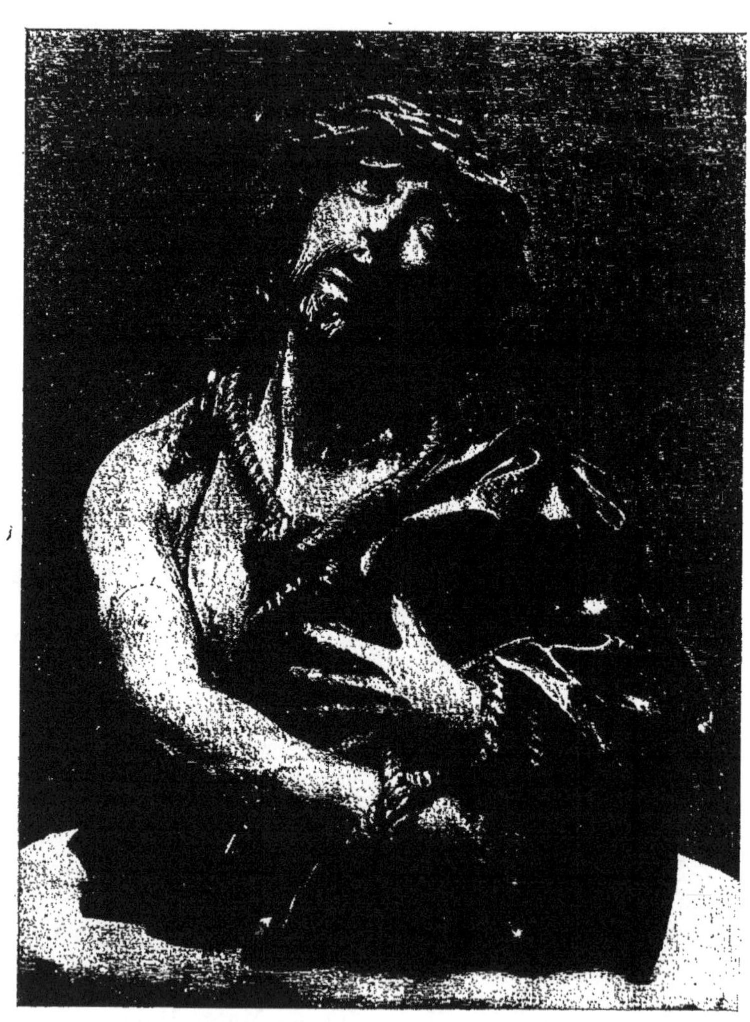

152. ÉCOLE DE SÉVILLE. — Ecce Homo.

GRECO

147. — Saint Antoine avec son cochon. Terre cuite.

Haut. 0.20, larg. 0.16.

Appartient à M. Cerulas.

ALONSO EL CANO

1601-1667

148. — Sainte Thérèse et l'Ange. Bronze cire perdue.

Haut. 0.18, larg. 0.28.

Appartient au Docteur Carvallo.

149. — Saint François de Paule en prières. Sculpture en marbre.

Haut. 0.74.

Provient d'un couvent de Séville.

Appartient à M. Lucas Moreno.

150. — Saint François d'Assise en extase. Sculpture sur bois polychromée.

Signée.

Haut. 0.88.

Appartient au Docteur Carvallo.

151. — Mater Dolorosa. Sculpture sur bois polychromée.

Haut. 0.83, larg. 0.54.

Appartient au Docteur Carvallo.

152. — Ecce homo. Buste, grandeur nature, en bois sculpté et polychromé. Ecole de Séville. XVIIe siècle.

Appartient à M. Holagray.

153. — Tête de Vierge en pleurs. Sculpture en marbre.

Attribuée à El Cano.

Haut. , larg.

Appartient au Baron Maurice de Rothschild.

154. — Tête de Christ coupée. En bois sculpté; couleur brune; yeux en émail. Travail espagnol du XVIIe siècle. Ecole d'Alonso el Cano.

Haut. 0.50, larg. 0.48.

Appartient à M. Eugène Penot.

155. — Tête de Saint Jean-Baptiste. Sculpture en bois. XVIIe siècle. Ecole de Grenade.

Appartient à M. Carlos A. de Olazabal.

BECERRA (Gaspar)

1520-1570

156. — Saint Gérôme recevant le chapeau de cardinal. Bas-relief polychromé en terre cuite.

Haut. 0.46, larg. 0.33.

Appartient à M. A. Abreu.

157. — Porte et encadrement. En bois sculpté et polychromé. Travail espagnol. XVIe siècle.

Haut. 2.70, larg. 2.05.

Provient de la casa de Zaporta de Saragosse.

Appartient à M. Schutz.

158. — Baptistère. En marbre hispano- mauresque, décoré de rinceaux et croix de de Saint Jacques au centre. XIIe siècle.

Haut. 0.52, diam. 0.55

Appartient à M. Stora.

159. — Jarre.

En terre émaillée de couleur verte et à forme biconique avec large anses et col évasé. Elle présente sur la panse de nombreuses frises avec des feuillages, des ornements et des inscriptions arabes. Travail de Séville. XIVe s.

Haut. 0.63..

160. — Vitrine contenant :

Un grand plat rond hispano-mauresque à reflets métalliques, XVe siècle.

Diam. 0,465

Une paire de vases en faïence hispano-mauresque XVe siècle.

Haut. 0.28.

Une autre paire de vases en faïence hispano-mauresque, XVe siècle.

Un petit plat décoré d'un lapin.

Couleur manganèse sur fond blanc. Paterna. XVe siècle.

Diam. 0.37.

Collection Stora.

161. — Coupe en faïence hispano-mauresque. Valence XVe siècle.

Appartient à MM. Hamburger frères.

162. — Plat en argent repoussé, ciselé et doré à sujets de nombreux personnages, tirés de romans de chevalerie, le milieu contien. un médaillon représentant Saint Hubertt

Travail espagnol du XVIe siècle.

Appartient à MM. Hamburger frères.

163. — Croix processionnelle en argent ciselé. Travail de Valladolid XVIe siècle.

Appartient à M. Vicente Ocampo.

164. — Deux tapisseries à fond crème, vases fleuris, deux lions stylisés, encadrement de peluche bleue. Manufacture de Valence. XVIIe siècle.

Haut. de l'une 3.20, larg. 2.35.
Haut. de l'autre 3.15, larg. 1.90.

Appartiennent à M. Schutz.

165. — Tissus et Ornements d'église.

Appartiennent à M. Schutz.

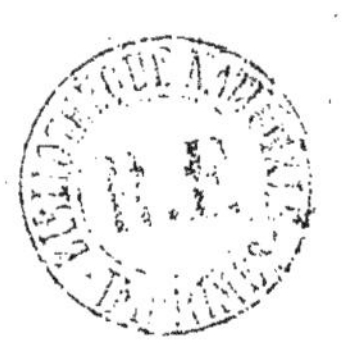

www.ingramcontent.com/pod-product-compliance
Ingram Content Group UK Ltd.
Pitfield, Milton Keynes, MK11 3LW, UK
UKHW022128260726
13993UKWH00003B/1310

9 782329 197951